KULINARISCHE REISE

BRETAGNE

Kulinarische Reise

BRETAGNE

Einleitung und Rezepte von
Catherine Leclère-Ferrière

Fotos von
Jean-Pierre Duval

Edition
ReiseArt®

◆

Die Deutsche Bibliothek - CIP - Einheitsaufnahme
Kulinarische Reise, Bretagne / Einl. und Rezepte von Catherine Leclère-Ferrière.
Fotos von Jean-Pierre Duval. [Hrsg.:Cécile Duval. Übers.: Anton Kovacic].
Erfurt ; München ; Osnabrück : ReiseArt®, 1999
ISBN 3-933572-20-7

Originalausgabe: ISBN 2-908878-94-1
Romain Pages Éditions Sommières

Herausgeberin: Cécile Duval

Lithoherstellung Quo Media Suresnes

Graphik
Christophe Meier

Layout
Olivier Jourdan

Übersetzung: Anton Kovacic
Korrektur: Jutta Kovacic
Lektorat: Hans Westerhaus

Druck: Druckerei M. Wirth GmbH, Ziegeleistraße 4, 37627 Stadtoldendorf

Vertrieb und Auslieferung: DCE ReiseArt Dienstleistungs-Centrum Erfurt GmbH
Wilhelm-Wolff-Str.1 99099 Erfurt

Inhaltsverzeichnis

EINLEITUNG

Die Bretagne ist eine Region, in der Land und Meer eng umschlungen sind, wo die Heide neben dem Ackerland liegt und wo die fast noch wilde Natur mit der menschlichen Tätigkeit in Berührung kommt.

In dieser Landschaft, in der das Relief mit seinen von Wetter und Meer polierten Granitfelsen und seinen von Winden und Gischt gefegten Küsten und Ebenen gleichzeitig sanft und rauh ist, gedeihen nur Produkte von guter Qualität. Die Bretonen, die es gewöhnt sind, gegen die Naturelemente zu kämpfen, schützen ihre Felder und Gärten vor zuviel Unwetter. Das sanfte Klima erlaubt den Anbau von hervorragendem Gemüse, denn Kartoffeln, Karotten und Lauch sind berühmt, und die Bodenqualität bringt erstklassige Artischocken und Blumenkohl hervor. Das Getreide steht hintenan, aber die kulinarische Kreativität der Einheimischen beschenkt uns mit Blechkuchen, Eierkuchen und den berühmten *fars* , die einfach zuzubereiten sind.

Das allgegenwärtige Meer bringt Meeresfrüchte, Fische und Meersalz von erstklassiger Qualität hervor. Die Rezepte für Fisch und Krebse sind zahlreich und meist leicht in der Zubereitung.

Der unverwechselbare kulinarische Beitrag der bretonischen Küche rührt von der Anwendung der gesalzenen Butter her, die allen Gerichten aus Fleisch, Fisch und vor allem aus Getreide, aber auch dem Nachtisch eine originelle Note gibt.

Viehzüchter liefern Lämmer von den Salzwiesen und erstklassiges Schweinefleisch. Die

Fleischgerichte sind besonders fein, man kann sie auch fertig zubereitet bei den einheimischen Metzgern kaufen. Die Schlachtplatten werden täglich in den Familien gereicht, und ich bringe dazu einige Rezepte in diesem Buch.

Die landwirtschaftliche Tätigkeit ist immer noch lebendig geblieben. So sind Äpfel in der Bretagne weit verbreitet, aus ihnen werden viele Desserts sowie Apfelwein (Cidre) hergestellt. Der Apfelwein wird bei allen Gerichten mit Buchweizenmehl und bei vielen anderen Mahlzeiten als Zutat benutzt. Man findet ihn auch immer öfter nicht pasteurisiert, was ihm seinen ursprünglichen Geschmack und seine besondere Delikatesse bewahrt, je nach der Vielfalt der ausgesuchten Äpfel.

Ich habe für dieses Buch einfache Rezepte ausgewählt, die aber das Wesentliche des bretonischen kulinarischen Reichtums wiedergeben.

ARTISCHOCKEN AUF BRETONISCHE ART (ARTICHAUTS À LA BRETONNE)

Die Artischocke ist eigentlich eine auf Sizilien beheimatete Gemüsepflanze. Sie wird in Frankreich seit dem 16. Jahrhundert angebaut und hat sich besonders in der Bretagne dem Klima sehr gut angepaßt. Es ist ein Sommergemüse, das man ab Mai auf allen Märkten zu finden ist. Diese klassische Mahlzeit der Region sollte mit den großen, flachen bretonischen Artischocken zubereitet werden.

Zubereitungszeit: 30 Minuten
Garzeit: 40 Minuten

- *6 große Artischocken*
- *50 g leicht gesalzene Butter*
- *50 g Mehl*
- *250 g dicke Crème fraîche*
- *Muskatnuß*
- *Salz*
- *Pfeffer*

In einem großen Topf mehrere Liter gesalzenes Wasser zum Kochen bringen. In der Zwischenzeit die Stiele abschneiden und die Artischocken gut waschen, dabei die Blätter abspreizen. Ins kochende Wasser setzen und 40 Minuten leicht brodelnd kochen. Herausnehmen und abtropfen. 1/2 Liter vom Kochwasser für die Saucenzubereitung auffangen.

In einem Topf die Butter auf kleinem Feuer zerlassen. Sobald sie zu spritzen anfängt, das Mehl dazuschütten und mit einem Holzlöffel gut umrühren. 1/2 Liter Kochwasser auf einmal darüber gießen und so lange kräftig rühren, bis die Masse dick wird.

Mit Salz, Pfeffer und etwas Muskatnuß abschmecken und kurz vor dem Servieren die Crème fraîche zugeben. Die Artischocken werden warm aufgetragen. Man ißt sie, indem man Blatt für Blatt in die Sauce tunkt, durch die Zähne zieht und dabei das wohlschmeckende Fleisch ablöst. Das Heu wird entfernt. Der Boden ist eine besondere Leckerei.

Für 6 Personen.

ARTISCHOCKEN MIT SPECK GEFÜLLT (ARTICHAUTS FARCIS AU LARD)

Diese Mahlzeit gibt ein sehr schönes Bild ab und wird mit den großen, flachen Artischocken zubereitet.

Zubereitung: 15 Minuten
Garzeit: 1 Stunde, 15 Minuten

- *6 große Artischocken*
- *4 Schalotten*
- *200 g geräucherter Bauchspeck*
- *200 g gekochter Schinken*
- *50 g Butter*
- *Petersilie*
- *Salz*
- *Pfeffer*

In einem großen Kochtopf mehrere Liter gesalzenes Wasser zum Kochen bringen. In der Zwischenzeit die Artischockenstengel abschneiden und die Blätter auf zwei Drittel ihrer Höhe kürzen. Gut waschen. Ins kochende Wasser setzen und 40 Minuten sieden.

In einem anderen Topf den Speck mit Wasser bedecken und zum Kochen bringen. 5 Minuten kochen lassen, dann abtropfen.

Die Artischocken abtropfen. Vier Artischocken aushöhlen, indem man die Blätter aus der Mitte mit der Hand und das Heu mit einem kleinen Messer entfernt.

Die Blätter der zwei restlichen Artischocken abziehen und die Böden in kleine Würfel schneiden.

In einer Pfanne 30 g Butter zerlassen, darin die gehackten Schalotten anbraten, dann den in kleine Stücke geschnittenen

Speck zugeben. Wenn alles Farbe angenommen hat, den ebenfalls kleingeschnittenen Schinken, die Artischockenwürfel und die gehackte Petersilie hinzufügen. Salzen und pfeffern.

Die ausgehöhlten Artischocken mit dieser Zubereitung füllen und in eine gebutterte feuerfeste Form setzen. Im Ofen, Thermostat 6 (180°C), etwa 20 Minuten überbacken. Sofort servieren.

Für 4 Personen.

KRABBENBUTTER (BEURRE DE CREVETTES)

Garnelen sind Schalentiere, die überall in der Bretagne gefangen werden, und man findet sie fangfrisch in allen Häfen, auf den Märkten und beim Fischhändler. Nehmen Sie große Garnelen, wenn man sie noch auspulen muß. Dieses Rezept erlaubt köstliche Vorspeisen: auf leicht geröstete Roggenbrotscheiben streichen und zu einem guten vollmundigen Apfelwein oder Muscadet (trockener Weißwein) reichen. Sie können diese Zubereitung aber auch mit einem in Court-Bouillon gekochtem Fisch servieren.

Zubereitungzeit: 10 Minuten
Garzeit: 5 Minuten

- *600 g frische Garnelen*
- *200 g leicht gesalzene Butter*
- *Paprika*
- *Salz*
- *Pfeffer*

Die Butter bei Zimmertemperatur weich werden lassen.

Die Garnelen in Meerwasser, oder ersatzweise in gesalzenem Wasser, kochen, in dem man sie lebend ins kochende Wasser wirft. Je nach ihrer Größe einige Minuten köcheln lassen.

Abgießen und aufbrechen, also Kopf und Rückenschale entfernen. Das Krabbenfleisch im Mörser zerstoßen oder pürieren. Die Butter mit der Hand oder einem Spatel einarbeiten. Mit etwas Paprika bestäuben, salzen und pfeffern.

Die Zubereitung muß schön gleichmäßig sein. Im Kühlschrank frisch halten.

Für 8 Personen.

L'Hydromel-Chouchen
de Bretagne

SPECKPFANNKUCHEN (BIGUENÉE)

Es handelt sich hier um eine der zahlreichen Varianten des bretonischen Eierpfannkuchens. Dieser wird mit Speck und Crème fraîche zubereitet. Wie alle Crepes, ist auch dieser stets willkommen.

Im voraus: 2 Stunden
Zubereitungszeit: 20 Minuten
Garzeit: 30 Minuten

- 200 g Mehl
- 2 Eier
- 150 g leicht gesalzene Butter
- 25 cl Milch
- 8 Scheiben feiner Bauchspeck (geräuchert)
- 20 cl Crème fraîche
- Salz, Pfeffer

In eine Schüssel das Mehl und eine Messerspitze Salz schütten. Die ganzen Eier darüber schlagen und verrühren. 50 g geschmolzene Butter, dann die Milch zufügen. 2 Stunden bei Zimmertemperatur ruhen lassen.

Erst kurz vor dem Servieren zubereiten. In einer Pfanne ein Stück Butter zerlassen und die geräucherten Bauchspeckscheiben darin auf beiden Seiten anbraten. Beiseite stellen. In die gleiche Pfanne, ohne sie gereinigt zu haben, ein nußgroßes Stück Butter setzen und eine kleine Kelle Pfannkuchenteig eingießen. Dabei die Pfanne schwenken, um ihn gleichmäßig zu verteilen. Wenn der Teig anfängt zu stocken, 2 Scheiben Speck darüber legen. Eine weitere Kelle Teig zufügen. Wenn der Teig durchgebraten ist, läßt man ihn auf einen Teller gleiten und dreht ihn um, damit auch die zweite Seite

goldbraun wird.

Für jeden Pfannkuchen erneut ein Stückchen Butter verwenden.

Heiß mit Crème fraîche nach Belieben servieren.

Für 4 Personen.

KRABBEN IN APFELWEIN (CREVETTES AU CIDRE)

Es sind die kleinen grauen bretonischen Krabben, die den besten Geschmack haben. Versuchen Sie dieses sehr einfache Rezept, das im letzten Moment zubereitet wird und besonders köstlich ist.

Zubereitungszeit: 5 Minuten
Garzeit: 5 Minuten

- 400 g fangfrische Krabben
- 1/2 Flasche Cidre brut (trockener Apfelwein)
- Meersalz
- Pfefferkörner

In einen großen Topf 1/2 Liter Cidre und 1/2 Liter Wasser mit einem Eßlöffel grobem Salz und einigen Pfefferkörnern zum Kochen bringen. Die Krabben abspülen und lebend ins Wasser werfen.

5 Minuten ziehen lassen.

Absieben und heiß mit einem guten französischen Landweißbrot, leicht gesalzener Bauernbutter und natürlich Cidre servieren.

Für 4 Personen.

MEERESSCHNECKEN (BIGORNEAUX)

Diese kleine Meeresschnecke, entlang der bretonischen Küste gesammelt, ist köstlich als Vorspeise und selbstverständlich sehr leicht zuzubereiten. Ganz einfach mit gutem Landweißbrot oder Roggenbrot und leicht gesalzener Butter auftragen.

Zubereitungs- und Garzeit: 10 Minuten

- 70g Meeresschnecken pro Person
- Meersalz

Einen großen Topf gesalzenes Wasser erhitzen. Die Meeresschnecken abspülen und ins kochende Wasser werfen. 5 Minuten ziehen lassen und dann absieben.

Warm oder kalt servieren. Jeder Gast holt die Schnecken mit einem kleinen Holzhaken (Holzpicker) oder Zahnstocher aus dem Gehäuse.

BUCHWEIZENPFANNEKUCHEN (GALETTES DE SARRASIN)

Dies ist das klassische bretonische Rezept schlechthin. Der Buchweizen, in der Bretagne weit verbreitet, aber zum Brotbacken nicht zu gebrauchen, weil er schlecht aufgeht, wird stattdessen für Eierkuchen oder Galette genutzt. Es gibt in der Bretagne Crèperies, in denen sie wunderbar schmecken.

Im voraus: 2 Stunden
Zubereitungszeit: 15 Minuten
Garzeit: 30 Minuten

- 500 g Buchweizenmehl
- 3 Eier
- 25 cl Crème fraîche
- 30 cl Vollmilch
- leicht gesalzene Butter
- Salz

Mehl und Salz in eine Schüssel schütten. Die Crème fraîche und dann die Milch einarbeiten, dabei vorsichtig rühren. 1 ganzes Ei und 2 Eigelb zufügen. Eventuell etwas Wasser zugeben, wenn der Teig nicht flüssig genug ist.

Mindestens 2 Stunden bei Zimmertemperatur ruhen lassen.

Die Pfannekuchen erst kurz vor dem Auftragen backen.

Ein nußgroßes Stück Butter in einer galettpfanne erhitzen. Eine kleine Kelle Teig schöpfen und in der Pfanne verteilen, damit die Waffel schön dünn wird. Nach der halben Garzeit mit Hilfe eines Spatels wenden.

Nach Geschmack mit einem Stückchen Butter und einem Becher Cidre oder einem Glas Milch servieren.

Für 6 Personen.

TEUFELSKRABBE (ARAIGNÉE-MOUSSE)

Dieses Krustentier aus der Familie der Krabben hat wegen seines Geschmacks einen sehr guten Ruf in der Bretagne. Im Juni schmeckt es am besten. Die Zubereitung ist einfach, denn man muß es nur in einer Court-Bouillon kochen und mit Mayonnaise servieren. Sie können es allein oder auf einer Platte mit verschiedenen Meeresfrüchten anbieten.

Zubereitungs- und Garzeit: 20 Minuten

- 1 Teufelskrabbe pro Person
- 1 Ei
- 1 Zwiebel
- Thymian, Lorbeer
- Öl
- Senf
- Salz, Pfeffer

Salzwasser in einem Topf erhitzen. Die in Scheiben geschnittene Zwiebel, einen Zweig Thymian und einige Lorbeerblätter dazutun. Gut 10 Minuten kochen und die lebenden Krabben hineinwerfen. Vom Feuer nehmen und 5 Minuten ziehen, dann abtropfen lassen.

Die Mayonnaise zubereiten: In eine Schüssel das Eigelb, 2 Eßlöffel Senf, eine Prise Salz und etwas Pfeffer geben. Mit einem Schneebesen oder dem elektrischen Mixer aufschlagen, dabei in dünnem Strahl das Öl einlaufen lassen, damit das ganze eine sehr feste Konsistenz bekommt.

Kühl stellen.

Zum Anrichten den Krebs mit einem sauberen Küchentuch in die Hand nehmen und den Bauch mit den Beinen ablösen, dabei kräftig ziehen. Den Rücken mit dem Corail und den Bauch mit den Beinen wieder zusammensetzen. Liebhaber essen das ganze Innere, brechen die Beine mit einer Spezialzange oder einem Nußknacker auf und ziehen das Fleisch mit einer Hummergabel heraus.

MAKRELENBROTAUFSTRICH (RILLETTES DE MAQUEREAUX)

Die Makrelen, die das ganze Jahr über an den bretonischen Küsten gefangen werden, werden als Brotaufstrich mit Gänseschmalz oder Butter zubereitet. Man ißt ihn kalt, auf geröstetes Brot gestrichen.

Zubereitungszeit: 20 Minuten
Garzeit: 15 Minuten

- 1 kg Makrelen
- 150 g Gänseschmalz oder Butter, je nach Geschmack
- 1 Zwiebel
- Lorbeer
- Thymian
- mildes Currypulver
- Salz
- Pfeffer

Die Makrelen ausnehmen und waschen. In einen großen Kochtopf setzen, mit Wasser bedecken, salzen, einige Pfefferkörner einstreuen, eine geschälte Zwiebel, 2 Lorbeerblätter und einen Thymianzweig dazugeben. Erhitzen, bis das Wasser brodelt, dann beiseite nehmen und 5 bis 10 Minuten, je nach Größe der Fische, ziehen lassen.

Abtropfen lassen, Köpfe, Haut und Gräten entfernen.

In einem Topf das Fett zerlassen. Die Makrelenfilets zerdrücken und mit 1/2 Teelöffel Curry, Salz und Pfeffer abschmecken.

Eine kleine Terrine damit füllen und kühl stellen.

Die Rillettes bleiben mehrere Tage frisch.

Für 8 Personen.

SALAT AUS BLUMENKOHL UND FLEISCHWURST (SALADE DE UÉMENÉ)

Die andouille de Guémené, eine Fleischwurst mit typischen, konzentrischen Ringen, ist von ausgezeichneter Qualität. Diese originelle Mahlzeit vereint die Produkte aus der Region: den bretonischen Blumenkohl und die andouille, denen man noch gekochte Kartoffeln beigeben kann, wenn man eine gehaltvollere Variante liebt. Die Andouille ist eine berühmte französische Wurst aus Kalbsgekröse, Schweinemagen und Schweinebauch, pikant gewürzt und gekocht.

Zubereitungszeit: 15 Minuten
Garzeit: 20 Minuten

- 1 Blumenkohl von 1 kg
- 500 g geräucherte Fleischwurst (andouille)
- 4 Schalotten
- Öl, Cidre-Essig
- Petersilie
- Salz, Pfeffer

Salzwasser in einem großen Topf kochen. Den Blumenkohl in Röschen zerteilen und waschen. Ins kochende Wasser werfen und 20 Minuten kochen. Abtropfen und abkühlen lassen.

Die Pelle abziehen und die Wurst in kleine Würfel schneiden. Die Schalotten schälen und hacken. In einer Schüssel die Schalotten mit einem Löffel Essig und fünf Eßlöffeln Öl verrühren. Salzen und pfeffern. Die feingehackte Petersilie darüber streuen.

Den Blumenkohl und die Wurst erst kurz vor dem Servieren mischen. Die Soße darüber gießen und auftragen.

Für 4 Personen.

ROHE SARDINEN MIT MEERSALZ (SARDINES CRUES AU GROS SEL DE MER)

Dieses extrem einfache Rezept ist ausgezeichnet. Dazu braucht man natürlich fangfrische Sardinen. Servieren Sie sie mit einem guten Landweißbrot und leicht gesalzener Bauernbutter.

Im voraus: 12 Stunden
Zubereitungszeit: 7 Minuten pro Person

- 4 Sardinen pro Person
- grobes Meersalz
- Pfefferkörner

Die Sardinen waschen und ausnehmen. Auf einer irdenen Platte ausrichten und mit grobem Meersalz sowie frisch gemahlenem Pfeffer bestreuen. Mit Klarsichtfolie abdecken und 12 Stunden im Kühlschrank ziehen lassen.

Kurz vor dem Servieren die Sardinenfilets mit der Spitze eines Messers abheben, um die Mittelgräte und den Kopf zu entfernen. Die Sardinen am Schwanz festhalten und die Filets von der Haut abschneiden. Das Fleisch löst sich sehr leicht ab.

Diese Filets auf einem vorgekühlten Teller anrichten und sofort servieren.

THUNFISCHTERRINE MIT SPECK (TERRINE DE THON AU LARD)

Es gibt zahlreiche Thunfischrezepte in der Bretagne. Dieses hier vereinigt drei regionale Produkte: Thunfisch, Schweinefleisch und Meerfenchel. Diese unerwartete Vorspeise kann im voraus zubereitet werden. Wenn Sie keinen Cidre-Schnaps haben, ersetzen Sie ihn durch starken Branntwein mit Aroma: Calvados, Cognac o. ä., die den etwas faden Geschmack von der Thunfisch-Schweinefleischmischung ausgleichen.

Im voraus: 24 Stunden
Zubereitungszeit: 30 Minuten
Garzeit: 1 Stunde

- 500 g frischer Thunfisch
- 300 g frischer Bauchspeck
- 150 g in Essig eingelegter Meerfenchel
- 1 Glas Lambig (Cidre-Schnaps)
- 1 Speckscheibe
- 2 Blatt Gelatine
- Salz, Pfeffer

Den frischen Thunfisch und den Speck zusammen hacken. 100 g Meerfenchel mit dem Messer fein schneiden und 1/2 Glas Lambig dazu geben.

Salzen und pfeffern. In eine Terrine drücken. Eine Scheibe Speck obenauf legen. Deckel auflegen und im Wasserbad in der Fettpfanne des Ofens bei Thermostat 6/7 (200°C) 1 Stunde garen.

Nach Beendigung der Garzeit die 2 Blatt Gelatine einweichen und in 1/4 Liter heißem Wasser auflösen. Den Schnapsrest zugießen. Die Speckscheibe von der Pastete entfernen und mit dem restlichen geschnittenen Meerfenchel ersetzen.

Wenn das Gelee steif wird, über die Pastete in die Terrine laufen lassen.

Für 24 Stunden kalt stellen.

Für 6 Personen.

OMELETT NACH FISCHERS ART (OMELETTE DU PÊCHEUR)

Sardinen werden jeden Tag in der Bretagne gefischt. Hier ein sehr gutes Rezept, das mit einem Rest frischer, gegrillter Sardinen zubereitet wird.

Vorbereitungszeit: 15 Minuten
Garzeit: 15 Minuten

- 6 frische, schon gegrillte Sardinen
- 12 Eier
- 2 Schalotten
- 50 g leicht gesalzene Butter
- Salz
- Pfeffer

Die große Mittelgräte und den Kopf der Sardinen entfernen. Das Fleisch mit der Gabel zerdrücken und mit den geschälten und gehackten Schalotten mischen. Die Butter in einer Pfanne zerlassen und die Fischmasse vorsichtig erwärmen, dabei umrühren.

In einer Schüssel Eier, Salz und Pfeffer mit einer Gabel aufschlagen.

Über die Sardinen geben und mit einem Holzspatel öfters anheben, damit alles gleichmäßig gart. Sofort servieren.

Für 6 Personen.

BOHNENPÜREE (PURÉE DE HARICOTS À LA AIMPOLAISE)

Die Bohnen, die man Coco aus Paimpol nennt, sind berühmt. Frisch sind sie natürlich exzellent, aber man kann sie auch sehr gut konservieren. Bereiten Sie sie zur Erntezeit zu: Man findet sie von Juli bis Oktober auf allen Märkten. Das Püree paßt sehr gut zu allen Fleischarten mit Soße oder gebraten.

Zubereitungszeit: 40 Minuten
Garzeit: 50 Minuten

- 2 kg frische Bohnen
- 1 Zwiebel
- 1 Knoblauchzehe
- Thymian, Lorbeer
- Sellerie
- Gewürznelken
- 150 g leicht gesalzene Butter
- Salz
- Pfeffer

Die Bohnen aushülsen, einen großen Topf Wasser aufsetzen und die Bohnenkerne für 3 Minuten ins kochende Wasser werfen. Dann auf ein Sieb geben.

Den Topf waschen und die Bohnen wieder mit kaltem Wasser bedecken. Eine Zwiebel schälen, mit 2 Nelken bestecken und mit dem Selleriestengel, einem Thymianzweig, einigen Lorbeerblättern, Salz und Pfeffer zusammen aufkochen, dann auf kleinem Feuer 50 Minuten garen.

Die Bohnen abgeben. Im Mörser oder mit der Gabel zerdrücken und durch ein Sieb streichen, um die Schalen zu entfernen. Das Püree erst kurz vor dem Anrichten mit etwas Butter unter ständigem Rühren erwärmen, bis es schön glatt ist. Mit Salz und Pfeffer nach Geschmack nachwürzen. Sehr heiß servieren.

Für 6 Personen.

ZWIEBELPÜREE (PURÉE D´OIGNONS)

Die Zwiebeln von Roscoff sind berühmt, und sie erlauben dieses einfache und exquisite Rezept, das sich gleichermaßen als Beilage zu Fleisch und Fisch eignet.

Zubereitungs- und Garzeit: 45 Minuten

- 1 kg Zwiebeln
- 20 g Butter
- 20 g Mehl
- 1/4 Liter Milch
- 20 cl Crème fraîche
- Obstbrand
- Salz
- Pfeffer
- Muskatnuß

Einen großen Topf mit gesalzenem Wasser aufsetzen. Wenn es kocht, die Zwiebeln mit der Schale hineinwerfen. 30 Minuten köcheln lassen.

In der Zwischenzeit die Butter in einem Kochtopf zerlassen. Sobald sie brodelt, das Mehl zugeben, dabei gut rühren, damit die Masse kremig wird. Dann die kalte Milch zugießen und bis zum Eindicken weiterrühren. Beiseite stellen.

Die Zwiebeln abtropfen lassen und pellen. Pürieren und zur Sauce geben. Crème fraîche und 2 Eßlöffel Obstbrand nach Belieben unterrühren. Mit Salz, Pfeffer und etwas geriebener Muskatnuß abschmecken.

Sie können dieses Püree warm servieren, aber auch in den Kühlschrank stellen und kalt, zum Beispiel zu kaltem Braten, anbieten.

Für 6 Personen.

KARTOFFEL-BLECHKUCHEN (GALETTE DE POMMES DE TERRE)

Dieser regional bekannte Blechkuchen wird mit Châteaulin-Kartoffeln und reichlich gesalzener Bauernbutter zubereitet. Er paßt aufs Wunderbarste zu allem gebratenen Schweinefleisch. Aber auch für sich genommen, mit einem einfachen Salat, ist er köstlich.

Zubereitungszeit: 20 Minuten
Garzeit: 50 Minuten

- 1 kg Kartoffeln (Winterkartoffeln, Einkellerungskartoffeln)
- 250 g gesalzene Butter
- 250 g Mehl
- 1 Eigelb
- Salz
- Pfeffer
- Muskatnuß

Die Butter bei Zimmertemperatur weich werden lassen.

Die gebürsteten Kartoffeln ungeschält mit Salzwasser bedeckt etwa 30 Minuten kochen.

Abtropfen und pellen. Mit der Gabel zerdrücken. In einer Schüssel diesem Püree das Mehl und die weiche Butter zugeben. Mit Salz, Pfeffer und etwas geriebener Muskatnuß würzen. Gut mischen.

Die Kartoffelmasse in eine große, flache, feuerfeste Form verteilen und ihr dabei die Form eines 3 cm dicken Kuchens geben. Die Oberfläche mit einem Eigelb einpinseln oder mit den Fingern vertreichen, damit sie schön gelb wird. Im Ofen bei Thermostat 7 (210°C) etwa 20 Minuten backen. Nach dem Herausnehmen sofort servieren.

Für 4 Personen.

MEERFENCHEL IN ESSIG (CASSE-PIERRES AU VINAIGRE)

Diese lebhafte Pflanze, die entlang der bretonischen Küsten in den Spalten der Felsen wuchert, wird zubereitet wie kleine Gurken (Cornichons) und zu kaltem Fisch oder kaltem Fleisch gereicht. Sie hat viele Namen: Steinbrech, criste-marine, perce-pierre etc. Ihre Blätter sind fleischig und jodhaltig. Diese Beilage wird originell auf Ihrem Tisch und schmackhaft auf Ihrem Teller sein.

Im voraus: 6 Wochen
Zubereitungszeit: 30 Minuten

- Meerfenchel
- grobes Meersalz
- Weißweinessig
- Pfefferkörner

Den Meerfenchel gut waschen. Ein Plastiksieb mit einem sauberen Küchentuch auslegen. Den Meerfenchel hineinlegen und mit grobem Salz bedecken.

Die Ränder des Küchentuchs darüber schlagen und 24 Stunden lang abtropfen lassen. In Essigwasser spülen und mit Küchenpapier trocken tupfen.

Den Meerfenchel in Glaspokale füllen und mit Essig bedecken. Gut verschließen und kühl aufbewahren. Nach fünf oder sechs Wochen, oder auch länger, verbrauchen (hält sich bis zu sechs Monaten).

KARTOFFELKUCHEN (FAR OALED)

Hierbei handelt es sich um einen bretonischen Far aus Kartoffeln und Speckscheiben. Dieses bäuerliche Rezept wurde einst unter Büscheln von trockenem Heidekraut, das als Brennmaterial diente, zubereitet. Es sollte auf der Steinplatte vor dem offenen Holzfeuer garen, doch heutzutage ist es viel leichter, es im Ofen zuzubereiten. Reichen Sie diesen Far zu gebratenem Schweinefleisch oder einem Salat.

Zubereitungszeit: 30 Minuten
Garzeit: 1 Stunde, 20 Minuten

- 600 g Kartoffeln
- 300 g geräucherter Bauchspeck
- 200 g Rosinen (oder Trockenpflaumen)
- 300 g Mehl
- Milch
- Butter
- Salz, Pfeffer

Die Kartoffel schälen und grob reiben. Den Speck in kleine Würfel schneiden.

In einer Schüssel Kartoffeln, Speck, Mehl, Rosinen, Salz und Pfeffer mischen. Soviel Milch zufügen, daß ein dicker Teig entsteht.

Ein tiefes Ofenblech (die Fettpfanne) mit Butter ausstreichen. Den Teig darauf geben, flach drücken und im heißen Ofen, Thermostat 7 (210°C) etwa 1 Stunde, zwanzig Minuten backen. Zwischendurch den Kartoffelkuchen anheben, um einige Stückchen Butter darunter zu schieben. Nach der halben Garzeit die Temperatur drosseln (Thermostat 5, 150°C).

Heiß servieren.

Für 6 Personen.

KOHLKOPF MIT HASENFLEISCH UND SPECK (BARDATTE)

Dies war das traditionelle Rezept vom Ende der Erntezeit, als man noch Hand anlegte. Die Schnitter schlugen die Hasen oder Kaninchen tot, die sie inmitten der Getreidefelder in ihren Sassen fanden. Dieses Wild diente dann als Füllung für einen dicken Kohlkopf, der mit Speck umwickelt wurde, was ihm den Namen gab (barde de lard = Speckschwarte). In der südlichen Bretagne wurde er noch mit gebratenen Wachteln umlegt. Ihr Bratensaft wurde über den Kohl gegossen, zu dem man noch geschmorte Kastanien reichte.

Zubereitungszeit: 40 Minuten
Garzeit: 2 Stunden, 20 Minuten

- 1 Kopfkohl von ca. 1,5 kg
- 1 Kaninchen oder ein Hase von ca. 1,2 kg
- 100 g geräucherter Speck
- 1 Zwiebel
- 100 g frische Champignons
- 150 g Weißbrot
- 20 cl Milch
- 50 g Butter
- 1 Ei
- 1 Speckschwarte
- 1/2 Liter Geflügelbrühe
- 1/2 Liter Muscadet (trockener Weißwein)

* Thymian, Salz, Pfeffer

Den Kohlkopf waschen und ganz in kochendem Wasser etwa 8 Minuten blanchieren. Kalt abbrausen und abtropfen lassen.

Das rohe Kaninchen ausbeinen und das Fleisch, die Leber und den geräucherten Speck durch den Fleischwolf drehen.

Das Weißbrot in Milch einweichen.

Die Butter in einer Pfanne schmelzen,

die Zwiebel, geschält und gehackt, mit den Champignonscheiben anbraten.

In einer großen Tonschale das gehackte Fleisch, die angebratenen Zwiebeln und Champignons, das ausgedrückte und zerkrümelte Brot und das ganze Ei gut vermischen. Mit Thymian, Salz und Pfeffer abschmecken.

Die äußeren Kohlblätter abspreizen, das Innere entfernen und durch die Füllung ersetzen. Wieder zum Kopf formen. Mit Küchenfaden binden und mit der Speckschwarte umwickeln. In einen Schmortopf setzen.

Einen Würfel Geflügelbrühe in 1/2 Liter Wasser auflösen. Über den Kohl zusammen mit 1/2 Liter Muscadet gießen. Zudecken und im Ofen, Thermostat 5 (150°C), etwa 2 Stunden schmoren, dabei von Zeit zu Zeit begießen. Herausholen, die Fäden lösen und den Speck entfernen, dann servieren.

Bardatte schmeckt auch kalt am nächsten Tag. Warm oder kalt, ein kühler Muscadet ist das richtige Getränk dazu.

Für 6 Personen.

BLUMENKOHLCRÈMESUPPE (VELOUTÉ DE CHOU-FLEUR)

Der Blumenkohl aus der Bretagne ist weltberühmt. Bereiten Sie diese Suppe im Winter oder im Frühling zu, denn zu dieser Zeit hat der Blumenkohl den besten Geschmack. Dieses Rezept kommt aus der Gegend von Saint-Malo. Zu dieser köstlichen Suppe werden in Butter gebratene Brotwürfel (Croutons) gereicht.

Zubereitungszeit: 20 Minuten
Garzeit: 30 Minuten

- *1 Blumenkohl von ca. 1 kg*
- *1 Zwiebel*
- *400 g Kartoffeln*
- *50 g leicht gesalzene Butter*
- *1 Eigelb*
- *15 cl Crème fraîche*
- *Salz, Pfeffer*

Den Blumenkohl zerpflücken, dabei nur die Röschen aufbewahren. Die Kartoffeln schälen und vierteln.

In einem großen Topf die Butter zerlassen und darin die geschälte und klein geschnittene Zwiebel anschwitzen. Mit 1,5 Liter Wasser ablöschen und salzen. Wenn es kocht, die Blumenkohlröschen und die Kartoffeln hineinwerfen. 30 Minuten kochen, dann mit dem Mixer pürieren.

Die Crème fraîche und das Eigelb in einer Suppenschüssel verrühren. Salzen und pfeffern. Kurz vor dem Servieren unter ständigem Schlagen die Suppe einfüllen.

Für 6 Personen.

BUCHWEIZENSUPPE MIT SPECK (SOUPE AU SARRASIN ET AU LARD)

Dies ist eine typisch bäuerliche Suppe, bei der sich der Geschmack von Buchweizen sehr gut mit dem des Specks vereint. Reichen Sie diese Suppe im Winter mit in gesalzener Butter gebratenen Croutons.

Zubereitungszeit: 15 Minuten
Garzeit: 40 Minuten

- *250 g geräucherter Bauchspeck*
- *50 g Butter*
- *1 Stengel Sellerie*
- *Thymian, Lorbeer*
- *100 g Buchweizenmehl*
- *Salz, Pfeffer*

Den Speck klein schneiden. In einem Topf die Butter zerlassen und darin die Speckwürfel goldgelb anbraten. Mit 1 1/4 Liter kaltem Wasser auffüllen. Thymian, ein paar Lorbeerblätter und den Selleriestengel zugeben. Salzen und pfeffern, dann 30 Minuten kochen.

In einer großen Schale vorsichtig das Buchweizenmehl mit einer Kelle heißer Bouillon verrühren und zur Suppe geben, dabei etwa 10 Minuten lang ständig rühren, damit die Mischung glatt und sämig wird. Sofort mit knusprigen Croutons auftragen.

Für 4 Personen.

MUSCHELSUPPE (SOUPE AUX MOULES)

Die Muscheln sind der Hauptbestandteil dieser köstlichen Suppe, die zugleich nahrhaft und erfrischend ist.

Zubereitungszeit: 30 Minuten
Garzeit: 30 Minuten

- *2 Liter Muscheln*
- *400 g Kartoffeln*
- *4 Schalotten*
- *1 Zwiebel*
- *80 g leicht gesalzene Butter*
- *1/2 Liter Weißwein*
- *1/2 Liter Milch*
- *20 cl Crème fraîche*
- *Kerbel*
- *Salz, Pfeffer*

Die Muscheln unter kaltem Wasser waschen und mit einem Messer abkratzen.

In einem großen Kochtopf 30 g Butter zerlassen und die geschälten und klein geschnittenen Schalotten schmelzen. Den Weißwein aufgießen und bis zum Simmern erhitzen. Die Muscheln hineinwerfen und auf großer Flamme etwa 5 Minuten dämpfen, bis sie sich öffnen, dann vom Feuer nehmen. Das Muschelfleisch auslösen und beiseite stellen. Mit dem gefiltertem Kochwasser bedecken.

In einem großen Topf die restliche Butter schmelzen und die geschälte und klein geschnittene Zwiebel anschwitzen. Die Milch zuschütten. Die geschälten, gewaschenen und in kleine Stücke geschnittenen Kartoffeln zugeben. 20 Minuten kochen und Crème fraîche einrühren. Salzen und pfeffern, dann die Muscheln mit ihrem Kochwasser hineingeben. Die Suppe bis zur gewünschten Temperatur erwärmen, jedoch nicht mehr kochen, damit die Milch nicht gerinnt.

In eine Suppenschüssel geben und mit gehacktem Kerbel bestreuen.

Für 6 Personen.

ZWIEBELSUPPE NACH ROSCOFF-ART (VELOUTÉ DE ROSCOFF)

Diese Suppe von Roscoff-Zwiebeln ist von mildem Geschmack, dank der Qualität der Zwiebeln und der Art der Zubereitung, bei der die Zwiebeln einfach nur gekocht werden. Sie können diese Suppe mit Speckwürfeln anreichern und sollten sie zur Erntezeit, das heißt am Anfang des Sommers, zubereiten.

Zubereitungszeit: 20 Minuten
Garzeit: 30 Minuten

- *1 kg Zwiebeln*
- *500 g Kartoffeln*
- *1 Eigelb*
- *15 cl Crème fraîche*
- *Salz, Pfeffer*

1 1/4 Liter gesalzenes Wasser erhitzen. Die Zwiebeln und die Kartoffeln schälen, ins Wasser werfen und 30 Minuten simmern lassen. Mit dem Mixer pürieren.

In einer Schale die Crème fraîche mit dem Eigelb verrühren. Salzen und pfeffern. In die Suppe auf dem Feuer geben, aber nicht mehr aufkochen.

Sehr heiß servieren.

Für 4 Personen.

WOLFSBARSCH IN SALZKRUST (BAR AU SEL DE GUÉRANDE)

Der Wolfsbarsch ist ein Fisch mit feinem Fleisch und wenig Gräten. Dieses Rezept läßt sich sehr schön bei einem Festmahl präsentieren.

Zubereitungszeit: 20 Minuten
Garzeit: 35 Minuten

- *1 Wolfsbarsch von ca. 1,6 kg*
- *3 kg grobes Salz*
- *1 Sträußchen Petersilie*
- *2 Stengel Estragon*
- *2 Knoblauchzehen*
- *Pfeffer*

Den Fisch ausnehmen, dabei den Rogen oder die Milch aufbewahren. Gut waschen.

Milch oder Rogen mit fein gehackter Petersilie und Estragon vermischen. Den abgezogenen und zerdrückten Knoblauch sowie Pfeffer dazugeben. Den Fisch damit füllen.

3 cm hoch grobes Salz in eine Auflaufform füllen. Den Fisch darauf legen und vollständig mit Salz bedecken.

Im heißen Ofen, Thermostat 8 (240°C), etwa 35 Minuten garen.

Den Salzblock auf ein Holzbrett stürzen. Mit einem Holzhammer vorsichtig zerschlagen. Den Fisch sofort auftragen.

MEERAAL MIT CIDRE UND LAUCH (CONGRE AU CIDRE ET AUX POIREAUX)

Der Meeraal wird im Atlantik und Mittelmeer gefangen. Sein Fleisch ist fest und sein etwas fader Geschmack verbindet sich gut mit den Produkten der Region: Lauch und Apfelwein (Cidre). Wählen Sie ein Stück nah am Kopf, da dort weniger Gräten sind.

Zubereitungszeit: 20 Minuten
Garzeit: 30 Minuten

- *1 kg Meeraal*
- *1 kg Lauch*
- *1 Zwiebel*
- *1/2 Liter Cidre*
- *50 g leicht gesalzene Butter*
- *Salz, Pfeffer*

Den Lauch putzen, der Länge nach aufschneiden und in Stücke von ca. 10 cm Länge schneiden. Gut waschen.

Salzwasser in einem großen Topf erhitzen und den Lauch hinein geben. 10 Minuten kochen, dann abtropfen lassen.

In einem niedrigen Topf die Butter zerlassen, die geschälte und in Ringe geschnittene Zwiebel anbraten. Wenn sie Farbe annimmt, mit Cidre ablöschen und den Lauch zugeben. Den gut gewaschenen Meeraal im ganzen Stück darauf legen. Salzen und pfeffern. Deckel auflegen und 20 Minuten schmoren.

Sofort servieren.

Für 4 Personen.

GEFÜLLTE JAKOBSMUSCHELN (COQUILLES SAINT-JACQUES FARCIES)

Jakobsmuscheln gehören zu den raffinierten Vorspeisen. Kaufen Sie sie frisch und lassen Sie sie vom Fischhändler öffnen und reinigen. Er entfernt auch die Innereien und den Bart, so daß die weiße Nuß und das orangefarbene bis rote Mark (Rogen) übrig bleiben.

Zubereitungs- und Garzeit: 35 Minuten

- *8 Jakobsmuscheln*
- *altbackenes Weißbrot*
- *frische Champignons*
- *2 Schalotten*
- *1/4 Liter Cidre*
- *leicht gesalzene Butter*
- *Petersilie*
- *Milch*
- *Salz, Pfeffer*
- *abgeriebene Brotkruste*

Die Farce zubereiten: Das Brot in Milch einweichen. Die Champignons gut waschen. Zusammen mit den Schalotten fein hacken, das gut ausgedrückte und zerkrümelte Weißbrot unterarbeiten. Salzen und pfeffern.

In einer Schüssel die Butter mit fein gehackter Petersilie und Pfeffer mit Hilfe eines Holzlöffels verarbeiten.

Nuß und Mark der Muscheln pochieren: in einem kleinen Kochtopf in kaltem Cidre mit etwas Pfeffer aufsetzen. Zum Kochen bringen, dann beiseite nehmen und 5 Minuten gar ziehen lassen. Abtropfen lassen und einmal quer durchschneiden.

In jede Muschelschale etwas von der Füllung geben. Das Muschelfleisch und etwas Kräuterbutter darauf anrichten. Brotkrümel darüber streuen und im heißen Ofen (Thermostat 8 (240°C) ein paar Minuten überbacken.

Für 4 Personen.

FISCHTOPF (COTRIADE)

Dieses typisch bretonische Rezept hat seinen Namen erhalten von den cotrets, Holzscheiten, über die der Kochkessel gehängt wurde, in dem Fisch und Kartoffeln gekocht wurden. Nehmen Sie wenigstens drei verschiedene Fischarten für diese Mahlzeit. Die hier vorgeschlagenen sollen nur zur Anregung dienen.

Zubereitungszeit: 30 Minuten
Garzeit: 50 Minuten

- *500 g Goldbrassen*
- *500 g Kohlfisch*
- *600 g Meeraal*
- *400 g Makrelen*
- *1 kg Kartoffeln*
- *2 Zwiebeln*
- *50 g Butter*
- *1 Stengel Sellerie*
- *Thymian, Lorbeer*
- *5 Eßlöffel Öl*
- *2 Eßlöffel Apfelweinessig*
- *Petersilie*
- *2 Schalotten*
- *Salz, Pfeffer*

Die Fische ausnehmen und gut waschen. Die Kartoffeln schälen.

In einem großen Topf die Butter zerlassen und die geschälten und gehackten Zwiebeln anbraten. Wenn sie golden geworden sind, mit 3 Liter kaltem Wasser aufgießen und die in Stücke geschnittenen Kartoffeln sowie den Sellerie, Thymian und Lorbeer zufügen. Salzen und pfeffern. 20 Minuten kochen, dann die Fischstücke dazugeben. 10 Minuten ziehen lassen.

In der Zwischenzeit eine Vinaigrette aus

5 Eßlöffeln Öl, 2 Eßlöffeln Apfelweinessig, Salz, Pfeffer, gehackter Schalotte und Petersilie zubereiten.

Fisch und Kartoffeln abtropfen lassen und auf einer großen Platte anrichten. Die Vinaigrette getrennt dazu reichen. Die Bouillon in eine Suppenschüssel füllen. Dazu gibt es Schwarzbrot.

Für 6 Personen.

MAKRELENFILETS MIT APFELWEIN UND SENF (FILETS DE MAQUEREAUX AU CIDRE ET À LA MOUTARDE)

Die Makrele wird das ganze Jahr über an den bretonischen Küsten gefangen, ist aber besonders gut von März bis November. Es ist ein preiswerter Fisch, der, wenn er frisch serviert wird, ausgezeichnet schmeckt. Sie können dieses Gericht auch mit ganzen Fischen zubereiten. Dies erleichtert die Zubereitung, ist allerdings weniger raffiniert.

Zubereitungszeit: 20 Minuten
Garzeit: 10 Minuten

- *12 kleine Makrelen*
- *30 cl Cidre*
- *2 Schalotten*
- *Senf*
- *50 g Butter*
- *Salz*
- *Pfeffer*

Mit einem spitzen und sehr scharfen Messer die Makrelenfilets lösen, dazu Kopf und Hauptgräte entfernen und das Messer vom Schwanz weg an der Gräte entlang führen.

Eine feuerfeste Form ausbuttern. Die Filets mit der Hautseite nach oben hineinlegen. Gepellte und fein gehackte Schalotten darüberstreuen. Salzen und pfeffern.

Den Cidre aufgießen. Die Form für zehn Minuten in den Ofen schieben, Thermostat 6/7 (200°C). In einem Topf 4 Teelöffel Senf mit der Schmorflüssigkeit der Makrelen verrühren. Aufkochen und die Butter zugeben. Noch 2 Minuten köcheln. Den Fisch mit dieser Sauce überziehen und servieren.

Für 6 Personen.

KABELJAU NACH BRESTER ART (MORUE À LA BRESTOISE)

Die Morue ist ein Kabeljau, der von bretonischen Fischern im Nordmeer gefischt und dann eingesalzen wird. Diese Art der Konservierung gibt ihm einen besonderen Geschmack und erlaubt zahlreiche Zubereitungsarten wie diese hier. Dieses Rezept vereint sie mit den Gemüsen der Region, die ein unvergleichliches Aroma haben.

Im voraus: 12 Stunden
Zubereitungs- und Garzeit: 1 Stunde

- *600 g eingesalzener Kabeljau*
- *1 kg Kartoffeln*
- *2 Zwiebeln*
- *1 Stange Lauch*
- *2 Knoblauchzehen*
- *50 g leicht gesalzene Butter*
- *25 cl Crème fraîche*
- *Lorbeer*
- *Petersilie*
- *Salz, Pfeffer*

Die Kabeljaufilets entsalzen, indem man sie für 12 Stunden ausgiebig wässert. Je öfters das Wasser gewechselt wird, desto mehr Salz verlieren sie.

Den Fisch in einen Topf geben und mit kaltem Wasser bedecken. Bei milder Hitze zum Kochen bringen und sofort beiseite nehmen. Gar ziehen lassen.

In der Zwischenzeit die ungeschälten Kartoffeln in einem anderen Topf in Salzwasser und mit einigen Lorbeerblättern garen.

Den Kabeljau herausnehmen, abtropfen lassen und mit einer Gabel zerdrücken.

Die Butter in einem tiefen Topf schmelzen und die geschälte und klein geschnittene Zwiebel anbraten. Glasig werden lassen, dann das gewaschene und in Ringe geschnittene Weiße vom Lauch sowie den gehackten Knoblauch zufügen. Zudecken und 10 Minuten köcheln.

Den zerdrückte Fisch zugeben und alles gut miteinander vermengen. Zum Schluß

die gepellten und in Scheiben geschnittenen Kartoffeln zugeben.

Pfeffern und mit Crème fraîche überziehen. Bis kurz vor dem Hochkochen erwärmen. Mit gehackter Petersilie bestreuen und mit einem guten Weißwein oder Cidre servieren.

Für 4 Personen.

MIESMUSCHELN AUF BRETONISCHE ART (MOULES À LA BRETONNE)

Muscheln werden das ganze Jahr über in der Bretagne gesammelt. Da sie eine sehr gute Handelsware darstellen, findet man sie jeden Tag frisch in allen Häfen und bei jedem Fischhändler. Hier das Grundrezept für die Zubereitung von Miesmuscheln, das trotz seiner Einfachheit eines der besten ist. Muscheln sollten im letzten Moment zubereitet werden, damit der volle Geschmack erhalten bleibt.

Zubereitungs- und Garzeit: 40 Minuten

- *4 Liter Miesmuscheln*
- *50 g leicht gesalzene Butter*
- *4 Schalotten*
- *25 cl Weißwein*
- *Kerbel oder Petersilie*
- *Mehl*
- *Salz, Pfeffer*

Die Muscheln gut bürsten und waschen.

In einem großen Topf 25 g Butter zerlassen und gehackte Schalotten anbraten. Mit Weißwein ablöschen und die Muscheln hineingeben. Mit einem großen Löffel umrühren und zugedeckt 7 Minuten dämpfen. Nachdem sich die Schalen geöffnet haben, vom Feuer ziehen und auf einer Platte anrichten.

Den Sud durch ein Sieb geben, in einem Topf auffangen und erwärmen. Die restliche Butter und einen Teelöffel Mehl hinzugeben und unterrühren. Zum Kochen bringen, gehackte Petersilie oder Kerbel zufügen, pfeffern, salzen und über die Muscheln gießen. Sofort auftragen.

Für 4 Personen.

ROCHEN MIT BRAUNER BUTTE (RAIE AU BEURRE NOIR)

Der Rochen ist der einzige unter den Fischen, der nicht zu frisch gegessen werden sollte. Stellen Sie ihn für 48 Stunden in den Kühlschrank, damit sein Fleisch zart und lieblich wird; zu frisch ist er gummiartig. Servieren Sie diesen Fisch mit in Essig eingelegtem Meerfenchel, das ergibt eine sehr schöne und gute Mahlzeit (ersatzweise kann man auch Kapern nehmen, das ist dann etwas klassischer).

Zubereitungs- und Garzeit: 30 Minuten.

- *1 kg Rochen*
- *125 g leicht gesalzene Butter*
- *20 cl Weinessig*
- *Salz, Pfeffer*

Den Rochen waschen, in einen Topf legen und mit kaltem Wasser bedecken. 10 cl Essig zufügen. Langsam zum Kochen bringen und 15 Minuten köcheln.

In der Zwischenzeit die Butter in einem Topf bräunen, vom Feuer nehmen und den restlichen Essig angießen. Salzen und pfeffern.

Den Fisch abtropfen und auf einer vorgewärmten Platte anrichten. Mit der braunen Butter übergießen und sofort servieren.

Für 4 Personen.

LANGUSTEN MIT KNOBLAUCH UND BUTTER (LANGOUSTINES À L'AIL ET AU BEURRE)

Diese kleinen Schalentiere sind ebenfalls köstlich. Man findet sie in jedem bretonischen Hafen. Kaufen Sie sie frisch, egal wie groß sie sind. Der Panzer macht die Mahlzeit besonders fein.

Zubereitungs- und Garzeit: 20 Minuten

- *1 kg Langusten*
- *80 g leicht gesalzene Butter*
- *4 Knoblauchzehen*
- *Petersilie*
- *Salz, Pfeffer*

Die Langusten unter fließendem Wasser spülen.

Die Butter in einem großen, tiefen Topf schmelzen, dann die ganzen Langusten darin anbraten, dabei mit einem großen Holzlöffel umrühren. Den gepellten und zerdrückten Knoblauch zugeben und 5 Minuten dämpfen.

Auf einer Platte anrichten, mit Salz, Pfeffer und gehackter Petersilie bestreuen.

Auftragen und auch Nußknacker und Hummergabeln dazulegen, um das Fleisch aus den Schalen lösen zu können.

Jeder bricht sich die Langusten auf seinem Teller selbst auf.

Für 4 Personen.

HUMMER AUF ARMORIKANISCHE ART (HOMARD À L'ARMORICAINE)

Der Hummer ist in der Bretagne das am meisten geschätzte Krustentier. Dieses Rezept ist einfach und hebt dabei den vollen Geschmack des Hummers hervor.

Zubereitungszeit : 30 min
Garzeit : 30 min

- *1 Hummer von 800 g*
- *1 Karotte*
- *1 Zwiebel*
- *1 Stengel Sellerie*
- *Thymian, Lorbeer, Nelken*
- *Salz, Pfeffer*
- *100 g leicht gesalzene Butter*
- *6 Schalotten*
- *2 Tomaten*
- *30 cl trockener Weißwein*
- *1 Glas Cognac*

Eine einfache, gewürzte Brühe aus reichlich Wasser in einem großen Alleskocher zubereiten: eine gepellte Zwiebel mit 3 Nelken bestecken, die Karotte schälen und in Stücke schneiden, den Sellerie, einen Thymianzweig, einige Lorbeerblätter, Salz und Pfeffer - alles zum Kochen bringen und 20 Minuten simmern lassen.

In der Zwischenzeit die Butter in einem Topf schmelzen und die gepellten und fein gehackten Schalotten anbraten. Die Tomaten abziehen, die Kerne entfernen und klein würfeln, den geschmolzenen Schalotten zugeben. Mit etwas Weißwein benetzen und mit Thymian, Salz und Pfeffer abschmecken.

Den lebenden Hummer kopfüber in die siedende court-bouillon werfen und 8 Minuten sprudelnd kochen. Sofort abtropfen lassen.

Den Kopf durch einen Schlag mit der Händkante abtrennen und das

◆

Hummermark mit einem Löffel herausheben und aufbewahren. Die Scheren auf die gleiche Weise abbrechen und in Stücke zerteilen. Das Fleisch aus dem Schwanz lösen und in Scheiben schneiden. Die Hummerstücke und den Panzer zu den Tomaten geben, das Hummermark zufügen und alles ein paar Minuten erhitzen.

Auf einer vorgewärmten Platte anrichten.

Den Cognac in einem Töpfchen erhitzen und kochend über den Hummer gießen. Sofort vor den Gästen flambieren.

Für 2 Personen.

SCHWEINSKOPFTOPF AUS RENNES (CASSE DE RENNES)

Dieses Gericht wird auch „Schmelzpfanne (casse) aus Rennes" genannt, in der es auf der Basis der verwertbaren Schlachtreste zubereitet wird. Diese Art des Garens macht sie weich und zart. Es ist eine richtige urige Bauernmahlzeit.

Im voraus: 8 Stunden
Zubereitungszeit: 40 Minuten
Garzeit: 2 Stunden

- *800 g ausgelöster Schweinskopf*
- *200 g Schweineschwarte*
- *4 Kalbsfüße*
- *400 g gereinigtes Kalbsgekröse*
- *2 Zwiebeln*
- *2 Knoblauchzehen*
- *Weißwein*
- *Thymian, Lorbeer*
- *Salz, Pfeffer*

Das Fleisch (außer dem Gekröse) in kleine Stücke schneiden, zum Marinieren in eine irdene Schüssel zusammen mit dem Thymian und dem Lorbeer geben und mit 2 Glas Weißwein beträufeln. Für 8 Stunden kühl stellen.

Dann für 1 Stunde, 30 Minuten in den Ofen schieben, Thermostat 6 (180°C).

Herausnehmen und das Gekröse vom Kalb zugeben. Salzen und pfeffern. Nochmal für weitere 30 Minuten bei gleicher Temperatur in den Ofen schieben.

Mit heißen Buchweizenkuchen oder mit Salzkartoffeln servieren. Dazu paßt ein guter Weißwein.

Für 6 Personen.

FLEISCH- UND GEMÜSETOPF MIT SERVIETTENKNÖDEL (KIG HA FAR)

Dieses traditionelle Gericht ist geradezu prachtvoll, verbindet es doch das Rind- und Schweinefleisch sowie das gekochte Gartengemüse mit dem Far, einem Serviettenknödel aus Buchweizenmehl und etwas Zucker, der in Bouillon gegart wird. Dieses Rezept ist leicht nachzukochen. Die Garzeit währt lange, eine Überwachung ist aber nicht erforderlich.

Zubereitungszeit: 30 Minuten
Garzeit: 5 Stunden

- *1,5 kg Rindfleisch vom Hinterviertel oder mageres Schulterstück*
- *1 leicht gesalzene Kniescheibe vom Schwein*
- *700 g frischer Bauchspeck*
- *1 geräucherte Kochwurst*
- *1 kleiner Kohlkopf*
- *6 Karotten*
- *4 Rüben*
- *2 Stangen Lauch*
- *2 Zwiebeln*
- *1 Stengel Sellerie*
- *Gewürznelken, Thymian, Lorbeer*
- *500 g Buchweizenmehl*
- *200 g Weizenmehl*
- *100 g leicht gesalzene Butter*
- *100 g Zucker*
- *150 g Rosinen*
- *2 Eier*
- *20 cl Crème fraîche*
- *Milch*
- *Salz, Pfeffer*

Die Kniescheibe zum Entsalzen in einen Topf setzen, mit Wasser bedecken, aufkochen und 20 Minuten köcheln.

In einem anderen Topf den Kohl blanchieren, das heißt 5 Minuten lang kochen.

Die gewässerte Kniescheibe und die anderen Fleischzutaten (außer der Kochwurst) in einen großen Topf zusammen mit der mit den Nelken besteckten Zwiebel und den Gewürzen geben. Mit 3 oder 4 Liter Wasser bedecken und zum Kochen bringen. 2 Stunden simmern lassen. Dann die geputzten Gemüse und den blanchierten Kohl zufügen. Salzen und pfeffern.

Für den Serviettenknödel die beiden Mehlsorten, Zucker, weiche Butter, Crème fraîche, die ganzen Eier, Rosinen, Salz und Pfeffer miteinander vermengen, dabei, falls nötig, ein wenig Milch aufgießen, um schließlich einen gleichmäßigen Teig zu erhalten. Dieser wird in einen speziellen Sack gefüllt oder in ein Küchentuch (Serviette) eingerollt, dessen Enden zugebunden werden. Der Knödel wird in die kochende Bouillon getaucht und höchstens 1 Stunde und 30 Minuten darin gegart.

Eine halbe Stunde vor Ende der Garzeit gibt man die Kochwurst dazu.

Fleisch und Gemüse abtropfen lassen und auf einer großen Platte anrichten. Den Knödel auspacken und entweder in der Mitte, umgeben von von den Fleischstücken, in Scheiben geschnitten oder zerpflückt unter das Fleisch gelegt, ganz nach Geschmack, servieren.

Für 8 Personen.

GEGRILLTE SCHWEINSFÜSSE (PIEDS DE PORC GRILLÉS)

Das Schwein ist das in der Bretagne am häufigsten verzehrte Tier, zumal es von ausgezeichneter Qualität ist. Dieses Rezept vom Lande ist rustikal, einfach und für Liebhaber angenehm. Wenn Sie die Schweinsfüße selbst zubereiten, so werden sie unbestreitbar besser sein als die gewerblich hergestellten.

Zubereitungszeit: 25 Minuten
Garzeit: 3 Stunden

- *6 vom Schlachter blanchierte und geputzte Schweinsfüße*
- *2 Karotten*
- *1 Zwiebel*
- *2 Knoblauchzehen*
- *1 dicke Stange Lauch*
- *1 Stengel Sellerie*
- *Gewürznelken*
- *Thymian, Lorbeer, Petersilie*
- *1 Ei*
- *Paniermehl*
- *Salz, Pfeffer*
- *Senf*

Die Schweinsfüße in einen großen Topf legen und mit viel Wasser bedecken. Karotten, die mit Nelken besteckte Zwiebel, Knoblauch, Lauch, Selleriestengel, alles gewaschen und geputzt, dazugeben. Einen Thymianzweig und ein paar Lorbeerblätter, Salz und Pfeffer zum Würzen nehmen. Zum Kochen bringen und 3 Stunden simmern lassen.

Die Schweinsfüße herausnehmen, abtropfen lassen und der Länge nach halbieren. Durch mit der Gabel verschlagenes Ei ziehen, dann in Paniermehl wenden. Unter den Grill, Thermostat 8/9 (250°C), für 8 bis 10 Minuten schieben. Sehr heiß mit Senf und Salzkartoffeln oder Kartoffelpüree servieren.

Für 6 Personen.

LAMMNIEREN MIT APFELWEIN (ROGNONS D'AGNEAUX AU CIDRE)

Nutzen Sie die Schlachtungen der Lämmer von den Salzwiesen und bereiten Sie die Lammnieren mit Apfelwein zu, was ihnen einen raffinierten Geschmack gibt. Dieses ausgesuchte Rezept für die Freunde von Schlachtplatten ist einfach und schnell. Reichen Sie dazu ein Gemüsepüree der Region: aus Kartoffeln, Karotten oder Nüssen.

Zubereitungs- und Garzeit: 30 Minuten

- *16 Lammnieren*
- *160 g frischer Bauchspeck*
- *200 g kleine, weiße, frische Zwiebeln*
- *2 Knoblauchzehen*
- *30 cl trockener Apfelwein (Cidre brut)*
- *1 kleines Glas Lambig (Cidre-Schnaps)*
- *90 g Butter*
- *Salz, Pfeffer*

Die Nieren putzen und halbieren.

Den Speck klein würfeln, in einen Topf geben, mit kaltem Wasser bedecken und langsam zum Kochen bringen. Die Hitze abschalten und bis zur weiteren Verwendung den Speck im Wasser lassen.

Die kleinen Zwiebeln schälen.

In einem Topf 40 g Butter zerlassen und den zerdrückten Knoblauch anbraten. Die kleinen Zwiebeln und den abgetropften Speck zugeben, salzen und pfeffern. Gut mit einem Holzlöffel umrühren, damit alles von der Butter überzogen wird. Wenn die Zwiebeln anfangen golden zu werden, den Cidre zugießen und etwa 10 Minuten kochen.

In der Zwischenzeit die restliche Butter in einer Pfanne schmelzen und darin die Nieren anbraten, dabei umrühren und längstens 5 Minuten braten. Auf einer warmen Platte anrichten.

Den Apfelschnaps über die Zwiebelsoße gießen, zum Kochen bringen und flambieren. Die Nieren damit überziehen und servieren.

Für 4 Personen.

GRAND

PANSEN MIT LAUCH UND APFELWEIN (TRIPES AUX POIREAUX ET AU CIDRE)

Pansen werden in der Bretagne hoch geschätzt. Dieses Rezept, das aus der Region Vannes stammt, ist exzellent, denn der Cidre gibt dieser Mahlzeit einmal mehr ein delikates Aroma. Der Gartenlauch verbindet sich mit dieser Zubereitung fast perfekt. Das Garen des Pansen dauert lange, darum sollten Sie gleich eine größere Menge zubereiten. Sie werden mit dem Aufwärmen immer besser. Sie können sie aber auch portionsweise einfrieren. Kaufen Sie sie beim Delikatessenhändler bereits blanchiert.

Zubereitungszeit: 40 Minuten
Garzeit: 5 Stunden

- *2 kg Pansen vom Rind*
- *4 blanchierte und ausgelöste Kalbsfüße*
- *2 Zwiebeln*
- *2 Karotten*
- *4 dicke Stangen Lauch*
- *1 Liter trockener Apfelwein (cidre brut)*
- *1 Liter Gemüsebrühe (aus dem Würfel)*
- *1 Stengel Sellerie*
- *Thymian, Lorbeer*
- *quatre-épices (Gewürzmischung aus Gewürznelke, Muskat, Pfeffer und*

Din Pansen in Vierecke und das Fleisch der Kalbsfüße in Stückchen schneiden. Die Zwiebeln schälen und hacken.

Die Karotten schälen und in Scheiben schneiden. Den Lauch putzen, gut waschen und nur das Weiße in Ringe schneiden.

Einen großen, hohen Topf nehmen, mit den gehackten Zwiebeln und den Karottenscheiben auslegen. Den Selleriestengel, den Thymian und Lorbeer darauf legen, anschließend abwechselnd die Kaldaunenstücke und die Kalbsfußwürfel. Obenauf kommen die weißen Lauchringe.

Das Ganze großzügig mit der Gewürzmischung, Salz und Pfeffer

bestreuen, denn die Kaldaunen sollten pikant abgeschmeckt sein.

Den Cidre und so viel Gemüsebrühe aufgießen, daß alles vollständig bedeckt ist.

Aufs Feuer setzen und langsam bis zum Aufkochen erhitzen. Den Deckel auflegen und den Topf in den Ofen schieben, Thermostat 3 (90°C). 5 Stunden schmoren lassen.

Sehr heiß servieren, nach Bedarf wieder aufwärmen.

Für 8 Personen.

GESTÜRZTE CREME MIT ERDBEEREN (CRÉMETS AUX FRAISES)

Die Erdbeeren aus Plougastel Daoulas erfreuen sich großer Beliebtheit, erlauben sie doch die Herstellung herrlicher Desserts, deren Geschmack noch durch frische Landsahne hervorgehoben wird. Dieses Rezept kennt man von der Bretagne bis ins Loiretal, wo die Milchprodukte von ausgezeichneter Qualität sind.

Im voraus: 4 Stunden
Zubereitungszeit: 20 Minuten

* *300 g Crème fraîche*
* *300 g abgetropfter Quark*
* *100 g Kristallzucker*
* *3 Eiweiß*
* *1 kg Erdbeeren*
* *Salz*

Die sehr kalte Crème fraîche mit dem Kristallzucker schlagen, dann vorsichtig den Quark, der gut abgetropft sein muß, unterziehen. Das Eiweiß mit einer Prise Salz sehr steif schlagen und unterheben.

In ein feines Drahtsieb füllen, auf eine Keramikplatte zum Ablaufen setzen und für vier Stunden kalt stellen.

Die Creme auf die Platte stürzen und mit den Erdbeeren umlegen. Nach Belieben zuckern.

Für 6 Personen.

KARTOFFELKRAPFEN (BEIGNETS DE MAN GOZ)

Dieses alte Rezept ist originell und köstlich. Wenn man die guten Kartoffeln aus Châteaulin nimmt, kann man es als Nachspeise reichen, aber auch als Zwischenmahlzeit tagsüber.

Zubereitungszeit: 20 Minuten
Garzeit: 40 Minuten

- *600 g Winterkartoffeln*
- *200 g Mehl*
- *50 g Zucker*
- *1 Zitrone*
- *Öl*
- *Salz*

Die Kartoffeln in ihrer Schale etwa 30 Minuten gar kochen. Abschrecken, pellen und noch heiß durch ein Sieb streichen. Mehl, Zucker, fein abgeriebene Zitronenschale und etwas Salz in das Püree einarbeiten.

Auf einem Holzbrett den Kartoffelteig zu einer 1/2 cm dicken Platte ausrollen und Rauten oder Rechtecke ausstechen. In einer Pfanne reichlich Öl erhitzen und portionsweise die Teigstücke ausbacken. Dabei wenden, damit sie goldgelb werden und aufgehen.

Mit Zucker bestreuen und heiß servieren.

Für 4 Personen.

BRETONISCHE APFELKRAPFEN (BEIGNETS BRETONS)

Zu bretonischen Krapfen nimmt man die in der Bretagne am weitest verbreiteten Früchte: Äpfel. Wenn man dem Ausbackteig Cidre zufügt, erhält man den besonderen Geschmack.

Im voraus: 1 Stunde
Zubereitungszeit: 20 Minuten
Garzeit: 15 Minuten

- *150 g Mehl*
- *1 Ei und 2 Eiweiß*
- *1/2 Glas Cidre*
- *4 dicke Äpfel*
- *Öl*
- *Salz*
- *Puderzucker*

In einer Schüssel Mehl, das ganze Ei und Salz vermischen und nach und nach den Cidre einrühren, um einen dickflüssigen Teig zu erhalten. 1 Stunde ruhen lassen.

Die Äpfel schälen, mit einem Ausstecher das Kerngehäuse ausstechen und in dicke Ringe schneiden.

Die Eiweiß zu festem Schnee schlagen und dem Ausbackteig unterheben.

Das Öl in einer großen Pfanne erhitzen. Die Apfelscheiben durch den Teig ziehen, darauf achten, daß sie von allen Seiten benetzt sind, und schwimmend ausbacken. Umdrehen, damit beide Seiten goldgelb werden. Abtropfen lassen und noch heiß, mit Puderzucker bestäubt, servieren. Dazu paßt ein guter vollmundiger Cidre.

Für 4 Personen.

APFELKUCHEN (FAR AUX POMMES)

Apfelbäume sind Teil der bretonischen Landschaft. Dieses Dessert schmeckt lauwarm am besten. Bereiten Sie es im Herbst mit Äpfeln aus dem Obstgarten zu.

Zubereitungszeit: 30 Minuten
Garzeit: 60 Minuten

- *1 kg Äpfel*
- *70 g leicht gesalzene Butter*
- *250 g Mehl*
- *220 g Puderzucker*
- *4 Eier*
- *3/4 Liter Milch*
- *Salz*

Die Äpfel schälen, entkernen und in Spälten schneiden. Mit Butter in einer Pfanne anbraten und eine Viertelstunde schmoren. Mit 70 g Zucker bestreuen.

In der Zwischenzeit den Teig bereiten: in eine Schüssel das Mehl, den restlichen Zucker, eine Prise Salz und die ganzen Eier geben, alles zügig mischen. Zum Schluß die Milch zufügen.

Eine große feuerfeste Keramikform ausbuttern. Die Apfelspälten hineingeben und mit dem Teig bedecken.

Bei mittlerer Hitze, Thermostat 6 (180°C), 60 Minuten backen.

Lauwarm servieren.

Für 8 Personen.

SCHNELLER PFANNKUCHEN (FAR BUAN)

Dieser Kuchen wird in der Pfanne zubereitet und ist schnell gemacht, daher sein bretonischer Name. Er ähnelt einem großen Crèpe. An regnerischen Nachmittagen spendet er nach einer Arbeit draußen Trost. Das Ausbacken in gesalzener Butter verleiht ihm einen sehr angenehmen Geschmack.

Zubereitungszeit: 15 Minuten
Garzeit: 15 Minuten

- *200 g Mehl*
- *120 g Puderzucker*
- *3 Eier*
- *1/2 Liter Milch*
- *100 g Rosinen*
- *75 g leicht gesalzene Butter*
- *Salz*

In einer Schüssel das Mehl, den Zucker und eine Prise Salz vermischen. Die Eier einzeln aufschlagen und unterrühren. Dann die Milch und die mit Mehl bestäubten Rosinen zugeben.

Die Hälfte der Butter in eine Pfanne geben und, sobald sie sehr heiß geworden ist, den Teig hineingeben, dabei die Pfanne schwenken, um ihn zu verteilen. Den far umdrehen, sobald er stockt, dabei die restliche Butter verwenden. Noch 5 Minuten braten.

Mit Zucker bestäuben und heiß auf einem großen Teller servieren.

Für 4 Personen.

AUFLAUF MIT PFLAUMEN (FAR FORN)

„Far" ist eine vereinfachende Bezeichnung, denn es gibt eine Vielzahl von Rezepten, die diesen Namen tragen, mit unendlich vielen Abarten, je nach Lokalitäten und Familien. Es handelt sich jedoch immer um ein Gericht auf der Basis von Weizen- oder Buchweizenmehl, das im Ofen gegart wird. „Far" könnte von „faire" (machen) oder „farine" (Mehl) abstammen. Es ist ein sehr gutes Dessert, typisch bretonisch, einfach und rustikal, das mit getrockneten oder frischen Früchten, je nach Saison, hergestellt wird.

Zubereitungszeit: 15 Minuten
Garzeit: 45 Minuten

- *130 g frische Pflaumen, Dörrpflaumen oder Rosinen, je nach Geschmack*
- *250 g Mehl*
- *170 g Puderzucker*
- *4 Eier*
- *3/4 Liter Milch*
- *50 g leicht gesalzene Butter*
- *Salz*

In einer Schüssel Mehl, Zucker und eine Prise Salz vermengen. Die ganzen Eier hineinschlagen und sehr vorsichtig mit einem Holzlöffel einrühren, um einen glatten Teig zu erhalten. Die Milch nach und nach zugießen und dabei gut rühren.

Eine irdene Ofenform ausbuttern. Die entsteinten Pflaumen oder Rosinen hineingeben und mit dem Teig bedecken. Im heißen Ofen, Thermostat 6 (180°C) etwa 45 Minuten backen.

Warm oder kalt in der Backform servieren.

Für 4 Personen.

FEINES WEISSBROT (FOUESSE)

Die „fouesse" ist ein feines Weißbrot (brioche), das man in allen Bäckereien der Bretagne findet. Dieses Rezept ist leicht zuhause nachzumachen. Die Bäcker nehmen eine Handvoll Sauerteig zum Teig, zuhause behilft man sich mit Bäckerhefe.

Im voraus: 2 Stunde
Zubereitungszeit: 30 Minuten
Garzeit: 30 Minuten

- *450 g Mehl*
- *80 g leicht gesalzene Butter*
- *80 g Zucker*
- *4 Eier*
- *15 cl Milch*
- *1 Würfel Bäckerhefe*
- *Orangenblütenwasser*
- *Salz*

Die Hefe in etwas warmen Wasser auflösen. In eine Tonschüssel das Mehl, den Zucker und eine Prise Salz schütten, in die Mitte eine Vertiefung drücken und die aufgelöste Hefe hineingeben. Alles vermengen, die Milch nach und nach zugeben. Die Eier einzeln hineinschlagen, die zerlassene Butter und zum Schluß das Orangenblütenwasser einarbeiten. Erst mit einem Holzlöffel vorsichtig rühren, dann mit den Händen kneten, bis ein glatter und elastischer Teig entsteht.

Die Schüssel mit einem sauberen Tuch abdecken, an einem warmen Ort vor Zugluft geschützt stellen und mindestens zwei Stunden gehen lassen. Dann wieder mit den Händen kneten und in eine ausgebutterte runde Backform füllen. Mit einem Messer eine Raute auf die Oberfläche einritzen.

Bei Mittelhitze im Ofen, Thermostat 6 (180°C), etwa 30 Minuten backen.

Aus dem Ofen ziehen und aus der Form stürzen.

Für 8 Personen.

BRETONISCHE BUTTERKEKSE (GALETTES BRETONNES)

Dieses kleine Backwerk hat Tradition und ist einfach herzustellen. Es wird mit gesalzener Landbutter zubereitet, wodurch der charakteristische Geschmack gegeben ist. Zu jeder Tageszeit sind die Kekse willkommen und halten sich mehrere Tage.

Im voraus: 1 Stunde
Zubereitungszeit: 15 Minuten
Garzeit: 15 Minuten

- *250 g Mehl*
- *100 g Puderzucker*
- *3 Eier*
- *150 g leicht gesalzene Butter*
- *Salz*

Die Butter bei Zimmertemperatur weich werden lassen.

In einer Schüssel Mehl, Zucker und eine Prise Salz vermischen. Ein ganzes Ei und ein Eigelb sowie die in kleine Stücke geschnittene Butter mit den Händen einarbeiten und eine Kugel formen. Unter einem sauberen Tuch eine Stunde ruhen lassen.

Den Teig auf einem bemehlten Brett zu 3 mm Höhe ausrollen. Die Oberfläche mit einem Eigelb bestreichen und mit einer Gabel kreuzweise Linien ziehen. Mit Hilfe eines Glases, dessen Rand in Mehl gedrückt wird, Runde ausstechen, auf ein gebuttertes Blech legen und im Ofen, Thermostat 6 /180°C), etwa 15 Minuten goldgelb backen.

Für 4 Personen.

APFELAUFLAUF (FAR LAMBIG)

Lambig ist der Name für einen Obstbrand aus Apfelwein (Cidre), der diesem Auflauf eine besondere Note verleiht. Sie können den Apfelschnaps aber auch durch einen anderen ersetzen (Rum, Calvados o. ä..), was aber schade wäre.

Zubereitungszeit: 20 Minuten
Garzeit: 40 Minuten

- *250 g Mehl*
- *150 g Puderzucker*
- *3 Eier*
- *1/2 Liter Milch*
- *1 Glas Apfelsaft*
- *1 kleines Schnapsglas Lambig (Apfelschnaps)*
- *2 Äpfel*
- *Butter*
- *Salz*

In einer Schüssel Mehl, Zucker und eine Prise Salz vermischen. Die Eier aufschlagen und alles vorsichtig miteinander vermengen. Erst die Milch, dann den Apfelsaft und schließlich den Lambig zufügen. Einen glatten und gleichmäßigen Teig rühren.

Die Äpfel schälen und grob raspeln.

Eine Auflaufform ausbuttern, die geriebenen Äpfel verteilen und mit dem Teig bedecken. Bei Mittelhitze im Ofen, Thermostat 6 (180°C), etwa 40 Minuten backen.

Warm servieren.

Für 4 Personen.

BRETONISCHER KUCHEN (GATEAU BRETON)

Dieser typische Kuchen verdankt seinen unvergleichlichen Geschmack der gesalzenen Butter und der Art, wie sie dem Teig eingearbeitet wurde. Landeier guter Qualität tragen das Ihre zum Erfolg bei.

Zubereitungszeit: 20 Minuten
Garzeit: 40 Minuten

- *150 g Puderzucker*
- *6 Eier*
- *200 g gesalzene Butter*
- *250 g Mehl*
- *Salz*

In einer Schüssel den Zucker mit 5 Eigelb und einer Prise Salz schaumig rühren. Die kleingeschnittene Butter zugeben und mit den Fingern einarbeiten. Wenn die Masse gleichmäßig ist, löffelweise das Mehl zufügen.

Den Teig in eine gebutterte Kuchenform geben und das restliche Eigelb auf die Oberfläche streichen. Mit einer Gabel kreuzweise Linien ziehen. Im Ofen, Thermostat 6 (180°C), etwa 30 Minuten backen. Herausnehmen und sofort aus der Form lösen. Dieser Kuchen schmeckt herrlich warm oder kalt, aber auch altbacken.

Für 6 Personen.

BUCHWEIZENKUCHEN (KASTELL DU)

Buchweizenmehl gibt diesem Kuchen den leicht säuerlichen, aber angenehmen Geschmack. Das ursprüngliche Rezept wurde mit Bäckerhefe bereitet, unser heutiger Geschmack läßt uns allerdings Backpulver vorziehen. Sie können diesen Familienkuchen mit einem Kompott aus frischen Früchten reichen.

Zubereitungszeit: 20 Minuten
Garzeit: 30 Minuten

- *4 Eier*
- *250 g Puderzucker*
- *250 g leicht gesalzene Butter*
- *170 g Buchweizenmehl*
- *80 g Weizenmehl*
- *1 Beutel Backpulver*

Die Butter bei Zimmertemperatur weich werden lassen.

In einer Schüssel die Eigelb mit dem Zucker schaumig rühren. Die weiche, nicht zerlassene Butter und dann das Mehl zugeben. Alles gut vermischen, damit der Teig glatt wird. Zum Schluß das Backpulver und die zu sehr festem Schnee geschlagenen Eiweiß unterziehen.

Eine Kuchenform ausbuttern, den Teig einfüllen und glattstreichen. Im Ofen, Thermostat 6 (180°C), etwa 45 Minuten backen.

Für 8 Personen.

Colombe

BUTTERKUCHEN (KOUIGN AMANN)

Kouign amann bedeutet Butterkuchen. Tatsächlich handelt es sich um einen Hefeteig, dem man gesalzene Butter nach Art eines Blätterteigs einarbeitet. Die Ruhezeiten sind wesentlich für den Erfolg dieses Rezeptes, ebenso wie die Qualität der gesalzenen Butter. Dieses Origialrezept stammt aus Douarnenez und zwar von Köchinnen und nicht etwa von Bäckern, die ihn in den Handel bringen. Er hat also auch nichts gemein mit einem gekauften Butterkuchen. Man ißt ihn warm oder kalt, und, um ihn so richtig zu genießen, sollte man Hunger haben. Er empfiehlt sich am Nachmittag, nach einem Ausflug oder einer Seefahrt, mit Apfelwein oder Tee. Sie können die angegebenen Mengen ohne weiteres vervielfachen, was die Sache nicht schwieriger macht, können Sie noch mehr Leute verköstigen.

Zubereitungs-, Ruhe- und Garzeit: 3 Stunden

- *300 g Mehl*
- *1 Würfel Hefe*
- *220 g gesalzene Butter*
- *200 g Puderzucker*
- *Salz*

Die Butter bei Zimmertemperatur weich werden lassen.

Die Hefe in einem halben Glas Wasser auflösen und 10 Minuten stehen lassen.

Das Mehl in eine Schüssel schütten, eine Prise Salz und die Hefe zugeben. Alles mit den Händen verkneten, dabei so viel warmes Wasser nehmen, bis eine glatte Teigkugel entsteht. Vor Zugluft geschützt an einem warmen Ort eine Stunde gehen lassen.

Den Teig auf ein bemehltes Holzbrett legen und mit den Händen ausziehen. Die Oberfläche mit der weichen Butter bestreichen und mit 150 g Zucker bestreuen. Die Seiten übereinander-schlagen, so daß der Teig dreifach zu liegen

kommt, mit einem sauberen Tuch abdecken und 15 Minuten ruhen lassen. Dann nach Art der Blätterteigzubereitung die Teigplatte um einen Viertelkreis drehen, mit den Händen zu einem Rechteck auseinanderziehen und wieder dreifach zusammenschlagen. Diesen Vorgang ein drittes Mal wiederholen.

Eine große Tortenform oder ein Backblech mit Butter auspinseln und leicht mit Mehl bestäuben. Den Teig umgedreht daraufgeben und mit den Händen dünn ausziehen. Mit dem restlichen Zucker bestreuen und im Ofen, Thermostat 6/7 (200°C), etwa 30 Minuten backen. Aus der Form lösen und warm oder kalt servieren.

Für 6 Personen.

